...Votre liste de Vœux à réaliser...

Carnet de Rêves

Lydia MONTIGNY

Carnet de Rêves

Votre liste de Vœux à réaliser

Mentions légales

© 2021 Lydia MONTIGNY

Édition : BoD - Books on Demand
12/14 rond-point des Champs-Élysées, 75008 Paris
Impression : BoD - Books on Demand, Norderstedt, Allemagne

ISBN : 978-2-3224-0034-8
Dépôt légal : Octobre 2021

....

MON REVE : ....

Catégorie : *(sport, art, loisir, insolite, touristique, nature, professionnel, culturel, autre* :
....

Réalisé le : ………. /………. /……….

Lieu : ....

....

Avec qui : ....

....

Météo :
....

Souvenir : ....

....

....

....

....

....

....

....

Note : ………./……….

(TITRE de la photo ou du souvenir de ce rêve réalisé :)

....

MON REVE : ....

Catégorie : *(sport, art, loisir, insolite, touristique, nature, professionnel, culturel, autre* :
....

Réalisé le : ………. /………. /……….

Lieu : ....
....

Avec qui : ....
....

Météo :
....

Souvenir : ....
....
....
....
....
....
....
....

Note : ………./……….

(TITRE de la photo ou du souvenir de ce rêve réalisé :)

....

MON REVE : ....

Catégorie *: (sport, art, loisir, insolite, touristique, nature, professionnel, culturel, autre :*
....

Réalisé le : ………. /………. /……….

Lieu : ....
....

Avec qui : ....
....

Météo :
....

Souvenir : ....
....
....
....
....
....
....
....

Note : ………./……….

(*TITRE de la photo ou du souvenir de ce rêve réalisé* :)

………………………………………………………………………………….

MON REVE : ....

Catégorie : *(sport, art, loisir, insolite, touristique, nature, professionnel, culturel, autre* :
....

Réalisé le : ………. /………. /……….

Lieu : ....
....

Avec qui : ....
....

Météo :
....

Souvenir : ....
....
....
....
....
....
....
....

Note : ………./……….

(*TITRE de la photo ou du souvenir de ce rêve réalisé* :)

……………………………………………………………………………….

MON REVE : ....

Catégorie : *(sport, art, loisir, insolite, touristique, nature, professionnel, culturel, autre* :
....

Réalisé le : ………. /………. /……….

Lieu : ....
....

Avec qui : ....
....

Météo :
....

Souvenir : ....
....
....
....
....
....
....
....

Note : ………./……….

(TITRE de la photo ou du souvenir de ce rêve réalisé :)

....

MON REVE : ……………………………………………………………

Catégorie : *(sport, art, loisir, insolite, touristique, nature, professionnel, culturel, autre* :
…………………………………………………………………………

Réalisé le : ………. / ………. / ……….

Lieu : …………………………………………………………………
…………………………………………………………………………

Avec qui : ………………………………………………………………
…………………………………………………………………………

Météo :
…………………………………………………………………………

Souvenir : ………………………………………………………………
…………………………………………………………………………
…………………………………………………………………………
…………………………………………………………………………
…………………………………………………………………………
…………………………………………………………………………
…………………………………………………………………………

Note : ………./……….

(*TITRE de la photo ou du souvenir de ce rêve réalisé* :)

……………………………………………………………………………….

MON REVE : ………………………………………………………………

Catégorie : *(sport, art, loisir, insolite, touristique, nature, professionnel, culturel, autre* :
……………………………………………………………………………………

Réalisé le : ………. /………. /……….

Lieu : …………………………………………………………………………
……………………………………………………………………………………

Avec qui : ……………………………………………………………………
……………………………………………………………………………………

Météo :
……………………………………………………………………………………

Souvenir : ……………………………………………………………………
……………………………………………………………………………………
……………………………………………………………………………………
……………………………………………………………………………………
……………………………………………………………………………………
……………………………………………………………………………………
……………………………………………………………………………………

Note : ………./……….

(*TITRE de la photo ou du souvenir de ce rêve réalisé* :)

……………………………………………………………………………….

MON REVE : ……………………………………………………………………

Catégorie : *(sport, art, loisir, insolite, touristique, nature, professionnel, culturel, autre* :
……………………………………………………………………………………

Réalisé le : ………. /………. /……….

Lieu : ……………………………………………………………………………
……………………………………………………………………………………

Avec qui : ………………………………………………………………………
……………………………………………………………………………………

Météo :
……………………………………………………………………………………

Souvenir : ………………………………………………………………………
……………………………………………………………………………………
……………………………………………………………………………………
……………………………………………………………………………………
……………………………………………………………………………………
……………………………………………………………………………………
……………………………………………………………………………………
……………………………………………………………………………………

Note : ………./……….

(TITRE de la photo ou du souvenir de ce rêve réalisé :)

....

MON REVE : ....

Catégorie : *(sport, art, loisir, insolite, touristique, nature, professionnel, culturel, autre* :
....

Réalisé le : ………. / ………. / ……….
Lieu : ....
....
Avec qui : ....
....
Météo :
....
Souvenir : ....
....
....
....
....
....
....
Note : ………./……….

(TITRE de la photo ou du souvenir de ce rêve réalisé :)

....

MON REVE : ....

Catégorie : *(sport, art, loisir, insolite, touristique, nature, professionnel, culturel, autre* :
....

Réalisé le : ………. /………. /……….

Lieu : ....

....

Avec qui : ....

....

Météo :
....

Souvenir : ....

....

....

....

....

....

....

Note : ………./……….

(*TITRE de la photo ou du souvenir de ce rêve réalisé* :)

……………………………………………………………………………….

MON REVE : ……………………………………………………………

Catégorie : *(sport, art, loisir, insolite, touristique, nature, professionnel, culturel, autre :*
………………………………………………………………………………

Réalisé le : ………. / ………. / ……….

Lieu : …………………………………………………………………
………………………………………………………………………………

Avec qui : ……………………………………………………………
………………………………………………………………………………

Météo :
………………………………………………………………………………

Souvenir : ……………………………………………………………
………………………………………………………………………………
………………………………………………………………………………
………………………………………………………………………………
………………………………………………………………………………
………………………………………………………………………………
………………………………………………………………………………
………………………………………………………………………………

Note : ………./……….

(TITRE de la photo ou du souvenir de ce rêve réalisé :)

....

MON REVE : ………………………………………………………………

Catégorie *: (sport, art, loisir, insolite, touristique, nature, professionnel, culturel, autre :*
……………………………………………………………………………………

Réalisé le : ……… /………. /……….
Lieu : ……………………………………………………………………
……………………………………………………………………………
Avec qui : ……………………………………………………………
……………………………………………………………………………
Météo :
……………………………………………………………………………
Souvenir : ……………………………………………………………
……………………………………………………………………………
……………………………………………………………………………
……………………………………………………………………………
……………………………………………………………………………
……………………………………………………………………………
……………………………………………………………………………
……………………………………………………………………………
Note : ………/……….

(TITRE de la photo ou du souvenir de ce rêve réalisé :)

....

MON REVE : ....

Catégorie : *(sport, art, loisir, insolite, touristique, nature, professionnel, culturel, autre* :
....

Réalisé le : ………. /………. /……….

Lieu : ....
....

Avec qui : ....
....

Météo :
....

Souvenir : ....
....
....
....
....
....
....
....

Note : ………/……….

(TITRE de la photo ou du souvenir de ce rêve réalisé :)

....

MON REVE : ....

Catégorie : *(sport, art, loisir, insolite, touristique, nature, professionnel, culturel, autre :*
....

Réalisé le : ………. /………. /……….

Lieu : ....
....

Avec qui : ....
....

Météo :
....

Souvenir : ....
....
....
....
....
....
....
....

Note : ………./……….

(*TITRE de la photo ou du souvenir de ce rêve réalisé* :)

....

MON REVE : ....

Catégorie *: (sport, art, loisir, insolite, touristique, nature, professionnel, culturel, autre* :
....

Réalisé le : ………. / ………. / ……….

Lieu : ....
....

Avec qui : ....
....

Météo :
....

Souvenir : ....
....
....
....
....
....
....
....

Note : ………./……….

(TITRE de la photo ou du souvenir de ce rêve réalisé :)

....

MON REVE : ....

Catégorie : *(sport, art, loisir, insolite, touristique, nature, professionnel, culturel, autre* :
....

Réalisé le : .... / .... / ....

Lieu : ....
....

Avec qui : ....
....

Météo :
....

Souvenir : ....
....
....
....
....
....
....
....

Note : ..../............

(TITRE de la photo ou du souvenir de ce rêve réalisé :)

……………………………………………………………………………………….

MON REVE : ....

Catégorie : *(sport, art, loisir, insolite, touristique, nature, professionnel, culturel, autre* :
....

Réalisé le : .... /............ /............

Lieu : ....
....

Avec qui : ....
....

Météo :
....

Souvenir : ....
....
....
....
....
....
....

Note : ..../............

(TITRE de la photo ou du souvenir de ce rêve réalisé :)

....

MON REVE : ....

Catégorie *: (sport, art, loisir, insolite, touristique, nature, professionnel, culturel, autre* :
....

Réalisé le : ………. /………. /……….

Lieu : ....
....

Avec qui : ....
....

Météo :
....

Souvenir : ....
....
....
....
....
....
....

Note : ……./……….

(TITRE de la photo ou du souvenir de ce rêve réalisé :)

....

MON REVE : ....

Catégorie : *(sport, art, loisir, insolite, touristique, nature, professionnel, culturel, autre* :
....

Réalisé le : .... / .... / ....

Lieu : ....
....

Avec qui : ....
....

Météo :
....

Souvenir : ....
....
....
....
....
....
....
....

Note : ..../............

(*TITRE de la photo ou du souvenir de ce rêve réalisé* :)

………………………………………………………………………………….

MON REVE : ....

Catégorie : *(sport, art, loisir, insolite, touristique, nature, professionnel, culturel, autre* :
....

Réalisé le : ………. / ………. / ……….

Lieu : ....

....

Avec qui : ....

....

Météo :
....

Souvenir : ....

....

....

....

....

....

....

....

Note : ………./……….

(TITRE de la photo ou du souvenir de ce rêve réalisé :)

………………………………………………………………………………..

MON REVE : ....

Catégorie *: (sport, art, loisir, insolite, touristique, nature, professionnel, culturel, autre* :
....

Réalisé le : ………. /………. /……….

Lieu : ....
....

Avec qui : ....
....

Météo :
....

Souvenir : ....
....
....
....
....
....
....

Note : ………./……….

(TITRE de la photo ou du souvenir de ce rêve réalisé :)

………………………………………………………………………………………

MON REVE : ....

Catégorie : *(sport, art, loisir, insolite, touristique, nature, professionnel, culturel, autre* :
....

Réalisé le : .... / .... / ....

Lieu : ....

....

Avec qui : ....

....

Météo :
....

Souvenir : ....

....

....

....

....

....

....

Note : ..../............

(TITRE de la photo ou du souvenir de ce rêve réalisé :)

....

MON REVE : ……………………………………………………………

Catégorie *: (sport, art, loisir, insolite, touristique, nature, professionnel, culturel, autre* :
……………………………………………………………………………………

Réalisé le : ………. /………. /……….
Lieu : ……………………………………………………………………
……………………………………………………………………………………
Avec qui : ………………………………………………………………
……………………………………………………………………………………
Météo :
……………………………………………………………………………………
Souvenir : ………………………………………………………………
……………………………………………………………………………………
……………………………………………………………………………………
……………………………………………………………………………………
……………………………………………………………………………………
……………………………………………………………………………………
……………………………………………………………………………………
……………………………………………………………………………………
Note : ………./……….

(TITRE de la photo ou du Souvenir de ce rêve réalisé :)

....

MON REVE : ....

Catégorie : *(sport, art, loisir, insolite, touristique, nature, professionnel, culturel, autre* :
....

Réalisé le : ………. /………. /……….
Lieu : ....
....
Avec qui : ....
....
Météo :
....
Souvenir : ....
....
....
....
....
....
....
....
Note : ………./……….

(TITRE de la photo ou du Souvenir de ce rêve réalisé :)

....

MON REVE : ....

Catégorie : *(sport, art, loisir, insolite, touristique, nature, professionnel, culturel, autre* :
....

Réalisé le : .... /............ /............

Lieu : ....
....

Avec qui : ....
....

Météo :
....

Souvenir : ....
....
....
....
....
....
....
....

Note : ..../............

(TITRE de la photo ou du Souvenir de ce rêve réalisé :)

....

MON REVE : ....

Catégorie : *(sport, art, loisir, insolite, touristique, nature, professionnel, culturel, autre* :
....

Réalisé le : ..../........../..........
Lieu : ....
....
Avec qui : ....
....
Météo :
....
Souvenir : ....
....
....
....
....
....
....
....
Note : ..../..........

(TITRE de la photo ou du Souvenir de ce rêve réalisé :)

....

MON REVE : ....

Catégorie : *(sport, art, loisir, insolite, touristique, nature, professionnel, culturel, autre* :
....

Réalisé le : ………. /………. /……….

Lieu : ………………………………………………………………………
....

Avec qui : ………………………………………………………………
....

Météo :
....

Souvenir : ………………………………………………………………
....
....
....
....
....
....
....

Note : ………./……….

(TITRE de la photo ou du Souvenir de ce rêve réalisé :)

....

MON REVE : ....

Catégorie : *(sport, art, loisir, insolite, touristique, nature, professionnel, culturel, autre* :
....

Réalisé le : ………. / ………. / ……….

Lieu : ....
....

Avec qui : ....
....

Météo :
....

Souvenir : ....
....
....
....
....
....
....

Note : ………./……….

(TITRE de la photo ou du Souvenir de ce rêve réalisé :)

....

MON REVE : ....

Catégorie : *(sport, art, loisir, insolite, touristique, nature, professionnel, culturel, autre* :
....

Réalisé le : ………. /………. /……….

Lieu : ....
....

Avec qui : ....
....

Météo :
....

Souvenir : ....
....
....
....
....
....
....
....

Note : ………./……….

(TITRE de la photo ou du Souvenir de ce rêve réalisé :)

....

MON REVE : ....

Catégorie : *(sport, art, loisir, insolite, touristique, nature, professionnel, culturel, autre* :
....

Réalisé le : ………. / ………. / ……….

Lieu : ....

....

Avec qui : ....

....

Météo :
....

Souvenir : ....

....

....

....

....

....

....

Note : ………./……….

(TITRE de la photo ou du Souvenir de ce rêve réalisé :)

……………………………………………………………………………………

MON REVE : ....

Catégorie *: (sport, art, loisir, insolite, touristique, nature, professionnel, culturel, autre* :
....

Réalisé le : ………. / ………. / ……….

Lieu : ....
....

Avec qui : ....
....

Météo :
....

Souvenir : ....
....
....
....
....
....
....
....

Note : ………./……….

(TITRE de la photo ou du Souvenir de ce rêve réalisé :)

....

MON REVE : ....

Catégorie *: (sport, art, loisir, insolite, touristique, nature, professionnel, culturel, autre* :
....

Réalisé le : ………. / ………. / ……….

Lieu : ....

....

Avec qui : ....

....

Météo :
....

Souvenir : ....

....

....

....

....

....

....

Note : ………./……….

(TITRE de la photo ou du Souvenir de ce rêve réalisé :)

……………………………………………………………………………….

MON REVE : ....

Catégorie : *(sport, art, loisir, insolite, touristique, nature, professionnel, culturel, autre :*
....

Réalisé le : ………. /………. /……….

Lieu : ....
....

Avec qui : ....
....

Météo :
....

Souvenir : ....
....
....
....
....
....
....
....

Note : ………/……….

(TITRE de la photo ou du souvenir de ce rêve réalisé :)

……………………………………………………………………………….

MON REVE : ....

Catégorie : *(sport, art, loisir, insolite, touristique, nature, professionnel, culturel, autre* :
....

Réalisé le : ………. /………. /……….

Lieu : ....
....

Avec qui : ....
....

Météo :
....

Souvenir : ....
....
....
....
....
....
....
....

Note : ………./……….

(TITRE de la photo ou du souvenir de ce rêve réalisé :)

……………………………………………………………………………….

MON REVE : ....

Catégorie : *(sport, art, loisir, insolite, touristique, nature, professionnel, culturel, autre* :
....

Réalisé le : ………. /………. /……….
Lieu : ....
....
Avec qui : ....
....
Météo :
....
Souvenir : ....
....
....
....
....
....
....
....
Note : ………./……….

(TITRE de la photo ou du souvenir de ce rêve réalisé :)

....

MON REVE : ....

Catégorie *: (sport, art, loisir, insolite, touristique, nature, professionnel, culturel, autre* :
....

Réalisé le : ………. /………. /……….

Lieu : ....
....

Avec qui : ....
....

Météo :
....

Souvenir : ....
....
....
....
....
....
....

Note : ………./……….

(TITRE de la photo ou du souvenir de ce rêve réalisé :)

……………………………………………………………………………………….

MON REVE : ....

Catégorie : *(sport, art, loisir, insolite, touristique, nature, professionnel, culturel, autre* :
....

Réalisé le : ………. /………. /……….

Lieu : ....
....

Avec qui : ....
....

Météo :
....

Souvenir : ....
....
....
....
....
....
....
....

Note : ………./……….

(TITRE de la photo ou du souvenir de ce rêve réalisé :)

....

MON REVE : ……………………………………………………………

Catégorie : *(sport, art, loisir, insolite, touristique, nature, professionnel, culturel, autre* :
……………………………………………………………………………

Réalisé le : ………. /………. /……….

Lieu : ……………………………………………………………………

……………………………………………………………………………

Avec qui : ………………………………………………………………

……………………………………………………………………………

Météo :
……………………………………………………………………………

Souvenir : ………………………………………………………………

……………………………………………………………………………

……………………………………………………………………………

……………………………………………………………………………

……………………………………………………………………………

……………………………………………………………………………

……………………………………………………………………………

……………………………………………………………………………

Note : ………./……….

(*TITRE de la photo ou du souvenir de ce rêve réalisé* :)

....

MON REVE : ....

Catégorie *: (sport, art, loisir, insolite, touristique, nature, professionnel, culturel, autre* :
....

Réalisé le : ………. / ………. / ……….

Lieu : ....
....

Avec qui : ....
....

Météo :
....

Souvenir : ....
....
....
....
....
....
....
....

Note : ………./……….

(TITRE de la photo ou du souvenir de ce rêve réalisé :)

....

MON REVE : ....

Catégorie : *(sport, art, loisir, insolite, touristique, nature, professionnel, culturel, autre* :
....

Réalisé le : ………. /………. /……….

Lieu : ....

....

Avec qui : ....

....

Météo :
....

Souvenir : ....

....

....

....

....

....

....

....

Note : ………./……….

(TITRE de la photo ou du souvenir de ce rêve réalisé :)

....

Collection des Petits Carnets :

- **Carnet Magique (VIII 2021)**
- **Carnet de Lectures (VIII 2021)**
- **Carnet du 7ème Art (VIII 2021)**